BEI GRIN MACHT SICH IHR
WISSEN BEZAHLT

AF136062

- Wir veröffentlichen Ihre Hausarbeit,
  Bachelor- und Masterarbeit

- Ihr eigenes eBook und Buch -
  weltweit in allen wichtigen Shops

- Verdienen Sie an jedem Verkauf

Jetzt bei www.GRIN.com hochladen
und kostenlos publizieren

Trainingsplanung im Bereich Krafttraining. Gewichtsreduktion, Reduktion des Bauchumfangs und Kraftaufbau

Joline Tismar

Bibliografische Information der Deutschen Nationalbibliothek:

Die Deutsche Nationalbibliothek verzeichnet diese Publikation in der Deutschen Nationalbibliografie; detaillierte bibliografische Daten sind im Internet über http://dnb.d-nb.de abrufbar.

ISBN: 9783346366139
Dieses Buch ist auch als E-Book erhältlich.

Deutsche Hochschule für

Prävention und Gesundheitsmanagement

Hermann Neuberger Sportschule 3

66123 Saarbrücken

Einsendeaufgabe

Fachmodul:	Trainingslehre 1
Studiengang:	Fitnessökonomie
Datum Präsenzphase:	12.02.2018 – 15.02.2018

Name, Vorname:	Tismar, Joline
Studienort:	**Köln**
Semester:	**WS2017**

Inhaltsverzeichnis

1 Lösung Aufgabe 1

1.1 Lösung Teilaufgabe 1.1

Tabelle 1: Biometrische und allgemeine Daten des Probanden

Alter	39 Jahre
Geschlecht	männlich
Körpergröße in cm	189 cm
Gewicht in kg	91 kg
BMI	25,5
Trainingsmotive	Gewichtsreduktion, Reduktion Bauchumfang, Muskelaufbau
Berufliche Tätigkeit	Industriekaufmann
Sportliche Aktivität früher	Über einen Zeitraum von 8 Jahren 3mal wöchentliches Fußballtraining
Sportliche Aktivität heute	1 x in der Woche Training Fußballhobbymannschaft
Zeitlicher Verfügungsrahmen	Bis zu 3 Trainingseinheiten über 60 – 90 Minuten realisierbar
Blutdruck	132/84 mmHg
Sonstige gesundheitlichen Einschränkungen (z.B. orthopädische oder internistische Probleme)	keine

Tabelle 2: Blutdruckklassifikation nach WHO

Bewertungsstufen	Systolischer Blutdruck	Diastolischer Blutdruck
optimal	<120 mmHg	<80 mmHg
normal	<130 mmHg	<85 mmHg
hochnormal	130- 139 mmHg	85- 89 mmHg
Hypertonie Stufe 1	140- 159 mmHg	90- 99 mmHg
Hypertonie Stufe 2	160- 179 mmHg	100- 109 mmHg
Hypertonie Stufe 3	>180 mmHg	>110 mmHg

Durch die erhobenen allgemeinen und biometrischen Daten des Probanden, die in Tabelle 1 dargestellt werden und die in Tabelle 2 aufgezeigte Klassifikation des Blutdrucks nach WHO lässt sich feststellen, dass der Proband ohne Bedenken ein Krafttraining durchführen kann.

Der Blutdruck des Probanden wird als „hochnormal" eingestuft, da der systolische Wert des gemessenen Blutdrucks 132 mmHg beträgt, auch wenn der allein betrachtete diastolische Wert mit 84 mmHg noch als „normal" betitelt wird.

Beim Probanden liegen keine internistischen oder orthopädischen Probleme vor, die in der Trainingsplanung berücksichtigt werden müssen.

1.2 Lösung Teilaufgabe 1.2

Für die Krafttestung wurde das Verfahren des Mehrwiederholungskrafttests (X-RM-Test) gewählt. Aufgrund der Unerfahrenheit des Probanden im Krafttraining bietet der X-RM-Test die beste Möglichkeit das maximale Gewicht bei der gewählten Wiederholungszahl zu ermitteln (Eifler& Strack, 2005). Durch die erstmalige Erfahrung mit konventionellem Krafttraining lassen sich die Maximalkrafttestung (1-RM-Test) und die Testung nach dem subjektiven Belastungsempfinden ausschließen. Da der Proband bisher keine Erfahrungen im Krafttraining hat ist davon auszugehen, dass er die vorliegende Intensität nicht optimal einschätzen kann. Besonders die Einschätzung der Last auf der dafür genutzten „Borg-Skala" (6: sehr, sehr leicht- 20: zu stark, geht nicht mehr) ist zunächst ungewohnt und weist zwischen trainierten und untrainierten Sportlern Unterschiede in der Einschätzung auf (Löllgen, 2004). Aufgrund der Tatsache, dass die Methodik der Maximalkrafttestung ursprünglich aus dem Leistungssport kommt sollte diese nicht für Anfänger im Krafttraining genutzt werden. Außerdem besteht bei Unerfahrenen ein erhöhtes Verletzungsrisiko bei Verwenden des „1-RM-Tests" ((Buskies & Boeckh-Behrens, 1999). Insgesamt ist der Proband ein Anfänger im Fitnessbereich und unerfahren im Kraftsport, hat aber keine orthopädischen oder internistischen Einschränkungen, sodass der Mehrwiederholungskrafttest die beste Methode ist um möglichst effektiv auf die Ziele hinzuarbeiten.

Die Durchführung des Mehrwiederholungskrafttests wurde an den ersten Mesozyklus angepasst. Da in diesem ersten Zyklus die Trainingsmethodik der Kraftausdauer verfolgt wird empfiehlt sich nach Fröhlich (2011) eine Wiederholungszahl von 20-30 Wiederholungen pro Satz, wodurch eine Dauer der Muskelbeanspruchung von ca. 50 Sekunden - 2 Minuten resultiert. Um die Testung durchzuführen wärmt sich der Proband zunächst allgemein auf, hierfür wurde der Crosstrainer mit einer Dauer von 7 Minuten gewählt. Ziel des allgemeinen Aufwärmen ist es möglichst viele Muskelgruppen zu aktivieren und dadurch für eine Minderung des Verletzungsrisiko während der anstehenden Testung zu sorgen. Zusätzlich wird das Herz-Kreislauf System mobilisiert, die Körpertemperatur gesteigert und die Konzentration des Probanden ist bereits auf das Training gerichtet. Da allerdings alle Muskeln, die in der Testung beansprucht werden aufgewärmt sein sollen durchlief der Proband vor jeder Übung zusätzlich ein spezielles Aufwärmen, hierzu wurde am Gerät das Gewicht gewählt, das 50% des Gewichts des 1.Testsatzes beträgt. Mit diesem Gewicht wurden 10 Wiederholungen der Übung ausgeführt. Der Mehrwiederholungskrafttest beginnt mit der Übung „Beinbeuger". Das Testgewicht wird für den ersten Satz nach dem subj. Belastungsempfinden ausgewählt. Der Proband wählt hierbei ein Gewicht von 20 kg, sodass er zunächst 10 Wiederholungen mit einem Gewicht von 10 kg zum speziellen Aufwärmen macht, anschließend beginnt der erste Testsatz. Nach diesem Testsatz von 25 Wiederholungen mit einem Gewicht von 20 kg erfolgt eine Pause von 3 Minuten. Nach dem 1. Testsatz wird das Gewicht bei jeder Übung abhängig von der Qualität der Übungsausführung und der Belastungsintensität angepasst. Bei der Übung „Beinbeuger" wurde im 2. Testsatz wieder eine Wiederholungsanzahl von 25 ausgeführt, diesmal bei einem Gewicht von 30 kg. Auch nach diesem Satz wurde eine Pause von 3 Minuten gemacht, danach erfolgte der letzte Testsatz mit 35 kg. Nach diesem Schema erfolgte der gesamte Mehrwiederholungskrafttest. Die Ergebnisse des Tests sind in Tabelle 3 dargestellt.

Tabelle 3: Testergebnisse des Mehrwiederholungskrafttests

Übung	Gewicht 1. Testsatz	Gewicht 2. Testsatz	Gewicht 3. Testsatz	Ergebnis
Beinbeuger	20 kg	30 kg	35 kg	35 kg
Beinstrecker	25 kg	35 kg	40 kg	40 kg
Rückenstrecker	15 kg	25 kg	20 kg	20 kg
Aufrechtes Rudern sitzend	15 kg	20 kg	25 kg	25 kg
Brustpresse	10 kg	15 kg	20 kg	15 kg
Butterfly reverse	15 kg	20 kg	17,5 kg	17,5 kg
Crunch abdominal (Maschine)	20 kg	30 kg	35 kg	35 kg
Lateralflexion an der römischen Bank	1 kg	3 kg	5 kg	5 kg

Nach Durchführung des Mehrwiederholungskrafttests wurde für die Planung des Trainings die Individuelle- Leistungsbild- Methode (ILB-Methode) gewählt. Diese Methode sieht es für Beginner vor 2 Trainingseinheit pro Woche zu absolvieren und innerhalb des Trainings 1-2 Übungen pro Muskel mit 1-2 Sätzen und einer Intensität von 50%-70% zu trainieren. Diese Intensitäten lassen sich aus den in Tab.3 dargestellten Ergebnisse ableiten. Zur weiteren Gestaltung des langfristigen Trainings wurde die lineare Periodisierung gewählt. Diese Art der Gestaltung des Trainings zielt insgesamt auf einen Kraftzuwachs ab und äußert sich durch Erhöhung des Gewichtes und gleichzeitiger Abnahme der Wiederholungszahlen (Kraemer & Fleck, 2007). Der Vergleich der Leistungsentwicklung des Probanden mit Norm- und Referenzen ist nur bedingt möglich, da die Voraussetzungen gleich sein müssten, diese aber durch Einflussfaktoren wie das Wetter, das nicht kontrolliert gesteuert werden kann, verändert werden können. Dadurch resultiert für einen zielführenden Vergleich ein sehr hoher Zeitaufwand, der auf Seiten des Probanden aus beruflichen Gründen nicht erbracht werden kann.

2 Lösung Aufgabe 2

Tabelle 4: Ziele des Probanden

Inhalt	Ausmaß	Zeit
Gewichtsreduktion	Minus 6 kg	4 Monate
Blutdruck „normal"	Minus 2mmHg systolischer Druck	3 Monate
Muskelaufbau Oberarme	Plus 1,5 cm Umfang Oberarme	4 Monaten

Im Anamnesegespräch wurde das Ziel der Gewichtsreduktion vom Probanden selbst als Trainingsmotiv angegeben, somit ist es notwendig für das Aufrechterhalten der Motivation hier ein klares Ziel zu formulieren. Außerdem liegt der BMI Wert des Probanden bei einer Körpergröße von 189 cm und einem Körpergewicht von 91 kg mit 25,5 im Bereich des Präadipositas (nach WHO,2000). Aufgrund des hier vorliegenden Übergewichts ist das Ziel des Gewichtsverlusts von 6 kg auch für die Gesundheit des Probanden sehr wichtig. Wenn das Ziel erreicht wird beträgt das Körpergewicht nur noch 85 kg und der BMI Wert, der durch die Division des Körpergewichts durch die Körpergröße zum Quadrat berechnet wird, 24, sodass der Proband im Normalgewicht eingestuft wird. Dieses Ziel hat für den Probanden oberste Priorität und soll selbstverständlich auch überprüft werden, dazu wird vor Beginn des Trainings und nach den absolvierten 4

Monaten das Gewicht des Probanden auf der Waage gemessen. Zusätzliche Ziele sind die Normalisierung des Blutdrucks und die Umfangsvergrößerung der Oberarme des Probanden. Wie in Tabelle 1 und in Tabelle 2 zu sehen lässt sich der Blutdruck des Probanden als „hochnormal" einstufen, hinsichtlich der Gesundheit soll durch das Training der Blutdruck in den „normalen" Bereich gebracht werden um das Risiko einer Hypertonie zu senken. Da der Proband gezielt Muskeln aufbauen und die Kraft in seinen Armen steigern möchte wurde ein Umfangszuwachs der Oberarme von 1,5cm festgelegt. Um dieses Ziel zu überprüfen wird wie beim Gewicht eine Start- und Abschlussmessung durchgeführt, hierbei wird allerdings der Umfang an beiden Oberarmen gemessen.

3 Lösung Aufgabe 3

Tabelle 5: Makrozyklusplanung

	1.Mesozyklus	2.Mesozyklus	3.Mesozyklus	4.Mesozyklus
Zyklusdauer	4 Wochen	8 Wochen	6 Wochen	8 Wochen
Spezifisches Trainingsziel	Kraftausdauer	Kraftausdauer	Muskelaufbaue	Muskelaufbau
Trainingseinheiten pro Woche	2	2	2	2
Organisationsform	Ganzkörper/ Station	Ganzkörper/ Station	Ganzkörper/ Station	Ganzkörper/ Station
Übungen/ Muskelgruppe	2	2	1-2	2
Sätze/ Übung	2	2	2	2
Satzpausen	60 Sekunden	60 Sekunden	60 Sekunden	90 Sekunden
Wiederholungszahl	25	20	12	8
Intensität	50-70%	50-70%	50-70%	50-70%
Bewegungstempo	2/0/2	2/0/2	2/0/2	2/0/2

Für die Trainingsplanung wurde übergeordnet die Krafttrainingsmethode „Individuelle-Leistungsbild-Methode" (ILB-Methode) gewählt. Da der Proband bisher keine Vorerfahrung mit einem strukturierten Krafttraining hat, sondern nur beim Fußballtraining Übungen im Kraftraum absolvieren musste, ist er hier als Beginner einzustufen. Bei dem Probanden liegen keine gesundheitlichen Einschränkungen vor, somit ist er voll belastungsfähig. Da das oberste Ziel die Gewichtsreduktion ist wurde als spezifisches

Trainingsziel in den ersten beiden Mesozyklen das Kraftausdauertraining festgelegt. Bei dieser Form des Trainings wird aufgrund der hohen Wiederholungszahl nach Buskies (2011) besonders viel Fett verbrannt, sodass effektiv an dem Ziel der Gewichtsreduktion gearbeitet wird. Die Anzahl der Übungen pro Muskelgruppe, Satzanzahl pro Übung, Wiederholungszahl pro Satz und die Organisationsform wurde nach dem Grobraster zur Trainingsplanung nach der ILB-Methode, das in Tabelle 6 dargestellt wird, entnommen. Auch bei diesen Belastungsparametern musste aufgrund des Nichtvorliegens gesundheitlicher Einschränkungen keine Rücksicht genommen werden, sondern konnte mit Absprache des Probanden in den Trainingsplan übernommen werden. Da im 1. Mesozyklus 2 Trainingseinheiten pro Woche vorgesehen sind und diese Mikrozyklen (einzelne Trainingseinheit) durch insgesamt 8 Übungen á 2 Sätze mit 25 Wiederholungen und einer Satzpause von 60 Sekunden bei einem Bewegungstempo von 2/0/2 gestaltet werden, verbringt der Trainierende pro Trainingseinheit ca. 60 Minuten im Fitnessstudio. Dies ist wie aus dem Anamnesegespräch hervorgegangen gut mit seinem Privatleben kombinierbar und er hat keine Probleme trotz seiner hohen Arbeitsbelastung den trainingsplan einzuhalten. Aufgrund dieser Arbeitsbelastung und der zusätzlichen Unerfahrenheit im Krafttraining ist die Organisationsform des Ganzkörpertrainings genau richtig, dies ist auch nach der ILB- Methode vorgesehen. Eine Trainingsplanung mit einem Splitplan kommt für den Probanden nicht in Frage, da dieser nicht in der Lage ist 3-4 mal oder 3-6 mal in der Woche zu trainieren, außerdem kann er wegen seiner sportlichen Aktivität nicht als Fortgeschrittener oder Leistungstrainierender eingestuft werden (vgl. Tab.6). Der erste Mesozyklus mit dem Trainingsziel Kraftausdauer wurde zeitlich auf vier Wochen begrenzt. Aufgrund der Tatsache, dass sich der Körper und die Muskeln recht schnell an die neue Belastung gewöhnen und der Proband somit recht schnell an Kraft zunimmt sollte nach den ersten 4 Wochen ein weiterer Krafttest stattfinden um weiterhin maximal effektiv zu trainieren. Das Kraftausdauertraining wurde gewählt, da hier zu Beginn der Fokus auf der Gewichtsreduktion und Fettverbrennung liegt und dies mit Kraftausdauertraining am Besten umgesetzt wird. Nach dem ersten Mesozyklus folgt ein weiterer Mehrwiederholungskrafttest, wie in Aufgabe 1.2 geschildert. Der anschließende 2. Mesozyklus verläuft über 8 Wochen, da sich der Körper des Probanden bereits an die Belastung gewöhnt hat, er mit den Übungen vertraut ist und einen Rhythmus gefunden hat. In diesem Zyklus wird Nach ILB-Methode die Wiederholungszahl reduziert, die Gewichtslast im Gegenzug gesteigert. Nach Abschluss des 2. Mesozyklus erfolgt wiederum ein Mehrwiederholungskrafttest, jedoch mit nur 12 Wiederholungen, da der Fokus im 3. und 4. Mesozyklus auf dem Muskelaufbau liegt. Auch hier wird der erste Abschnitt, also der 3. Mesozyklus, etwas kürzer gehalten um den Körper an die neue Trainingsform zu gewöhnen und den Muskelstoffwechsel anzuregen. Hier erfolgt ein 6 wöchiges Hypertrophietraining mit anschließendem Mehrwiederholungskrafttest für den 4. Mesozyklus. Auch hier wird die Wiederholungsanzahl reduziert, im Gegenzug wieder die Gewichtslast erhöht.

Tabelle 6: Grobraster zur optimalen Trainingsplanung nach der ILB-Methode (modifiziert nach Kempf & Strack, 2001, 40-41)

Leistungsstufe	Zeitstufe (Monate)	Organisationsform	Einheiten/ Woche	Übungen/ Muskel	Sätze/ Übung	Intensität in % ILB
Orientierungsstufe	0-1,5	Ganzkörper	2	1-2	1-2	gering
Beginner	1,5-6	Ganzkörper	2	1-2	1-2	50-70
Geübter	6-12	Ganzkörper	2-3	1-2	2	60-80
Fortgeschrittener	>12	Ganzkörper/ Split-Training	3-4	1-3	2-3	70-90
Leistungstrainierender	>36	Ganzkörper/ Split-Training	3-6	1-4	2-4	80-100

4 Lösung Aufgabe 4

Tabelle 7: Planung des 1. Mesozyklus

	1.Mikrozyklus	2.Mikrozyklus	3.Mikrozyklus	4.Mikrozyklus
Zyklusdauer	1 Woche	1 Woche	1 Woche	1 Woche
Spezifisches Trainingsziel	Kraftausdauer	Kraftausdauer	Kraftausdauer	Kraftausdauer
Trainingseinheiten pro Woche	2	2	2	2
Organisationsform	Ganzkörpertraining/ Station	Ganzkörpertraining/ Station	Ganzkörpertraining/ Station	Ganzkörpertraining/ Station
Übungen pro Muskelgruppe	2	2	2	2
Sätze pro Übung	2	2	2	2
Satzpause	60 Sekunden	60 Sekunden	60 Sekunden	60 Sekunden
Wiederholungen	25	25	25	25
Intensität anhand des	50%	58%	65%	70%

25-RM-Tests				
Bewegungsge-schwindigkeit	2/0/2	2/0/2	2/0/2	2/0/2

Tabelle 8: Anhand der progressiven Belastungssteigerung der Woche nach jedem Mikrozyklus errechnete Gewichtslast pro Übung

	Intensität: 50%	Intensität: 58%	Intensität: 65%	Intensität: 70%
Übungen				
Beinbeuger	17,5kg	~20kg	~22,5	~25kg
Beinstrecker	20kg	~22,5kg	~25kg	~27,5kg
Rückenstrecker	10kg	~12kg	13kg	~15kg
Aufrechtes Rudern sitzend	12,5kg	~15kg	~17,5kg	17,5kg
Brustpresse	7,5kg	~8,5kg	~10kg	12,5kg
Butterfly reverse	~9kg	~10kg	~12,5kg	~13kg
Crunch abdominal (Maschine)	17,5kg	~20kg	~22,5kg	~25kg
Lateralflexion an der römischen Bank	2,5kg	~3kg	~3,5kg	3,5kg

~ = Anpassungen des Gewichts wurden vorgenommen aufgrund der Auslegung des Studios

Für die Trainingsplanung im ersten Mesozyklus wurden hauptsächlich Übungen ausgewählt, die von Maschinen geführt werden. Wegen der Unerfahrenheit des Probanden ist dies eine gute Möglichkeit in die Bewegungen einzuführen um im Verlauf des Makrozyklus den Anspruch der Übungen zu steigern. Zu Beginn ist es wichtig einfache Übungen zu wählen und hierbei möglichst Bewegungen zu wählen, in denen möglichst wenig Gelenke beteiligt sind um die Fehlerquote und das Verletzungsrisiko gering zu halten. Das Training beginnt mit den beiden größten Muskelgruppen den Beinen und dem Rücken. Da gerade zu Beginn der Fokus auf der Gewichtsreduktion liegt wurden hier 4 Übungen für große Muskeln gewählt um dadurch den Kalorienverbrauch möglichst hoch zu halten (Neumann & Vogt, 2006). Das Ganze wird unterstützt durch die hohe Wiederholungszahl von 25 Wiederholungen pro Satz. Anschließend werden die Brustmuskeln mit zwei Übungen trainiert um das Verhältnis zwischen Rücken und Brust,

Agonist und Antagonist, gleichmäßig zu halten. Zum Ende des Trainings wird der Crunch abdominal auch an der Maschine ausgeführt, da es bei dieser Übung besonders bei Anfängern zu einer falschen Ausführung kommt und dies durch die Maschine größtenteils vermieden wird. Es ist zu Beginn des Trainings wichtig, das die Übungen vom Trainierenden verstanden werden und somit auch ohne Aufsicht zukünftig gut umgesetzt werden können. Bei der Übung „Beinbeuger"(1) und „Beinstrecker"(2) werden hauptsächlich M.quadriceps femoris, M.semimembranosus, M.semitendinosus und M. biceps femoris beansprucht. Diese Muskeln im Bereich des Oberschenkels sind besonders großflächige Muskeln, welche das Ziel der Gewichtsreduktion unterstützen. Außerdem wird in diesen zwei Übungen nur ein Gelenk bewegt, wodurch die Ausführung besonders leicht wird. Bei den Übungen „Rückenstrecker"(3) und „aufrechtes Rudern sitzend"(4) kontrahieren hauptsächlich der Mm. erector spinae, M. latissimus dorsi, M. trapezius pars ascendens, M.rhomboideus minor, diese Muskeln sind auch recht große Muskeln und unterstützen zusätzlich die Gewichtsreduktion. Außerdem muss auch der M. biceps brachii beim aufrechten Rudern sitzend mitarbeiten, sodass hier schon hinsichtlich des Muskelaufbaus an den Oberarmen gearbeitet wird. Bei der „Brustpresse"(5) und dem „Butterfly reverse"(6) werden kleiner, spezifischere Muskeln im Oberkörper trainiert, hier müssen hauptsächlich M. pectoralis major und M. deltoideus arbeiten. Auch bei den letzten beiden Übungen werden spezifischere Muskeln beansprucht. Beim „Crunch abdominal"(7) wird in erster Linie der gerade Bauchmuskel, der M. rectus abdominis trainiert. Unterstützen muss aber auch, wie bei der „Lateralflexion"(8) der M. obliquus abdominis. Die Lateralflexion dient hauptsächlich zur Rumpfstabilisation durch das Trainieren der Muskeln Mm. obliquus externus abdominis, Mm. obliquus internus abdominis und M. quadratus lumborum, zusätzlich dient sie aber zur Mobilisation der Wirbelsäule. Insgesamt wurde bei der Trainingsplanung darauf geachtet, dass Agonist und Antagonist in einem Gleichgewicht trainiert werden um eine muskuläre Dysbalance zu vermeiden (Baker, D. & Newton, RU., 2005)

5   Lösung Aufgabe 5

Tabelle 9: Zusammenfassung der Studie von Goebel, S., Stephan, A. und Freiwald, J. (modifiziert nach Goebel, S., Stephan, A. und Freiwald, J., 2005)

Wer hat die Studie durchgeführt?	- Goebel, S. (Forschungsabteilung Kieser Training), Stephan, A. (For-

	schungsabteilung Kieser Training), Freiwald, J. (Bergische Universität Wuppertal)
In welchem Jahr wurde die Studie publiziert?	2005
Mit welchen Versuchspersonen wurde die Studie durchgeführt?	-128 Patienten einer medizinischen Kräftigungstherapie -mindestens seit 6 Monaten chronische Rückenschmerzen oder mehr als zwei akute Lumbalgen pro Jahr in den letzten zwei Jahren mit mindestens einwöchiger Arbeitsunfähigkeit - Ausschlusskriterien: laufender Rentenantrag, sensorische oder motorische Ausfälle, Indikationen zur Bandscheibenoperation Kontrollgruppe: - Patienten aus betriebsärztlichen Praxen - Patienten aus 4 orthopädischen Arztpraxen -durften kein spezielles Krafttraining absolvieren, nur Physiotherapie
Wie sah der Versuchsaufbau der Studie aus?	-Probanden füllten vor Beginn des Trainings, direkt nach Beendigung des Trainings und ein Jahr nach Abschluss des Trainings einen SF36 Fragebogen bezüglich ihrer subjektiven Gesundheit aus -absolvierten Training gegen Rückenschmerzen i.d.R 12 Einheiten im Rahmen der Therapie in der medizinischen Kräftigungstherapie
Welche relevanten Schlussfolgerungen und Ergebnisse liefert die Studie?	-enormer Unterschied bez. Kraftzuwachs und Schmerzreduktion zwischen Patienten und Kontrollgruppe - gezieltes Krafttraining kann Rückenschmerzen über langen Zeitraum lindern bzw. beseitigen -durch die Linderung der Schmerzen wird die Lebensqualität gesteigert (äußert sich in Arbeitsfähigkeit und AU-Tage) -subj. Gesundheitsgefühl gesteigert, da keine dauerhaften Schmerzen vorhanden sind

Tabelle 10: Zusammenfassung der Studie von Weishaupt, P. (modifiziert nach Weishaupt, P., 1999)

Wer hat die Studie durchgeführt?	Weishaupt, P.
In welchem Jahr wurde die Studie publiziert?	1999
Mit welchen Versuchspersonen wurde die Studie durchgeführt?	-Frau, 61 Jahre alt, 58kg, 160cm Körpergröße, blind auf dem rechten Auge seit der Geburt -Diagnosen: LWS-Syndrom, Lumbio-Ischiolgie rechts, Bandscheibenschaden L2-L5, leichte Skoliose, HWS-Syndrom nichtradikulär, Zerviko Brachialgie links, Spondylarthrose C4-C7 -Beschwerden seit 30 Jahren -alltagseingeschränkt (seit 6 Jahren keine horizontale Liegeposition mit ausgestreckten Beinen aufgrund der Schmerzen) -seit 10 Jahren unregelmäßig Krankengymnastik
Wie sah der Versuchsaufbau der Studie aus?	-biomechanische Funktionsanalyse der Wirbelsäule nach Denner -muskuläre Defizite und Dysbalancen der Wirbelsäule werden aufgezeigt -diese Analyse erfolgte vor Beginn des Trainings, in der Mitte des Trainings und 10 Tage nach der letzten Trainingseinheit -vergleicht Werte von vier Parametern mit Referenzwerten von gleichwertigen Personen -motorischer Parameter (LWS/BWS Maximalkraft) -Muskelfunktionstest (M.iliopsoas, M. rectus femoris, Mm. ischiocrurales) - Schmerzparameter (LWS/BWS/HWS) -Lebensqualität durch Probandin hinsichtlich allg. Leistungsfähigkeit und aktuellem Wohlbefinden -24 Trainingseinheiten mit einer Länge von 60 Minuten verteilt über 3 Monate -Training beinhaltet: progressiv dynamisches Krafttraining mit variablem Widerstand, gymnastische Mobilisation, Techniken zur mechanischen Entlastung und Entspannung der Wirbelsäule -Intensität über 4 Perioden zwischen 40% und

	75%
Welche relevanten Ergebnisse und Schluss-folgerungen liefert die Studie?	-Flexoren haben extrem viel Kraft gewonnen
	-69,3% isometrische Maximalkraft verbessert LWS und BWS
	-Linderung der Schmerzen in der LWS um 80%, in der HWS um 50%
	-allgemeine Leistungsfähigkeit um 70% ge-stiegen und das allgemeine Wohlbefinden um 80% gesteigert
	Die Studie zeigt, dass die optimale Trainings-steuerung enorm wichtig ist. Es ist unabding-bar auf die Beschwerden und das subjektive Belastungsempfinden des Probanden zu hö-ren. Außerdem sollte man nicht zwingend nur mit einer Art des Trainings arbeiten. Zusätz-lich zeigt sie, dass die Muskulatur zur Rumpfstabilität enorm wichtig ist und einen großen Faktor spielt.

6   Literaturverzeichnis

Baker, D. & Newton, RU. (2005). Acute effect on power output of alternating an ago-nist and antagonist muscle exercise during complex training. Journal of strength and conditioning research, 2005 (Feb;19 (1)). 202-205

Buskies, W & Boeckh-Behrens WU. (1999). Probleme bei der Steuerung der Trai-ningsintensität im Krafttraining auf der Basis von Maximalkraft. Leistungssport, 29 (3), 4-8

Eifler, C. (2000). Krafttraining nach der ILB-Methode – Eine empirische Überprüfung der Trainingseffekte bei Anfängern und Fortgeschrittenen. Unveröffentlichte Diplomar-beit, Universität des Saarlandes. Saarbrücken.

Eifler, C. (2017). Intensitätssteuerung im fitnessorientierten Krafttraining – eine empi-rische Studie. Sozialwissenschaften; Band 74. Marburg: Tectum. 105

Goebel, S., Stephan, A., Freiwald, J. (2005).Krafttraining bei chronischen lumbalen Rückenschmerzen. Ergebnisse einer Langschnittstudie. Deutsche Zeitschrift für Sportmedizin, 56(11), 388-392

Kempf, H.-D. (2014), *Funktionelles Training mit Hand- und Kleingeräten*, Karlsruhe: Springer, 7

Lehrke, S., Laessle, R.G. (2009), *Adipositas bei Kindern und Jugendlichen*, Heidelberg: Springer, 3-6

Loellgen, H. (2004). Das Anstrengungsempfinden (RPE; Borg-Skala). Deutsche Zeitschrift für Sportmedizin, 55(11), 299

Weishaupt, P. (1999). Krafttraining – effiziente Behandlung bei chronischen Rückenschmerzen – eine Einzelfallstudie. Physikalische Therapie. 1999 (2), 84- 86.

7 Tabellenverzeichnis